Reglamento europeo de protección de datos. CTRG0003

Alicia Jiménez García

ic editorial

Reglamento europeo de protección de datos. CTRG0003
© Alicia Jiménez García

1ª Edición

© IC Editorial, 2019

Editado por: IC Editorial
c/ Cueva de Viera, 2, Local 3
Centro Negocios CADI
29200 Antequera (Málaga)
Teléfono: 952 70 60 04
Fax: 952 84 55 03
Correo electrónico: iceditorial@iceditorial.com
Internet: www.iceditorial.com

ISBN: 978-84-1184-342-3
Depósito Legal: MA 2031-2024

Impresión: PODiPrint
Impreso en Andalucía – España

Nota de la editorial: IC Editorial pertenece a Innovación y Cualificación S. L.

Especialidad formativa

Se entiende por especialidad formativa la agrupación de contenidos, competencias profesionales y especificaciones técnicas que responde a un conjunto de actividades de trabajo enmarcadas en una fase del proceso de producción y con funciones afines.

Las especialidades formativas de Uso General, Formación Complementaria, Formación Modular y las especialidades formativas dirigidas a la obtención de certificados de profesionalidad se incluyen en el Fichero de Especialidades del Servicio Público de Empleo Estatal para su gestión en todo el territorio nacional por cualquier Administración competente.

Las especialidades complementarias pertenecen todas a la Familia profesional de Formación Complementaria (FCO) y tienen la consideración de formación transversal en áreas que se consideran prioritarias tanto en el marco de la Estrategia Europea para el Empleo y del Sistema Nacional de Empleo como en las directrices establecidas por la Unión Europea. Se consideran áreas prioritarias las relativas a tecnologías de la información y la comunicación, la prevención de riesgos laborales, la sensibilización en medio ambiente, la promoción de la igualdad, la orientación profesional y aquellas otras que se establezcan por la Administración competente.

Las especialidades de Certificado de profesionalidad tienen una duración especificada en su normativa reguladora.

En el resultado de la búsqueda, se muestran las unidades de competencia, todos los módulos formativos con su duración y las unidades formativas del certificado correspondiente, con su duración. Las horas del certificado, exclusivo de las especialidades de certificado de profesionalidad, con alta igual o superior a 2008, son las horas totales más las horas del módulo de Prácticas Profesionales no Laborales.

➲ **Si la especialidad tiene unidades formativas,** las horas totales, presencial, distancia, teleformación serán igual a la suma de esas horas de las unidades formativas de los distintos módulos, sin que se repita ninguna Unidad formativa.

● **Si la especialidad no tiene unidades formativas,** las horas totales, presencial, distancia, teleformación serán igual a las sumas de esas horas de los módulos formativos, eliminando las horas de los módulos repetidos.

https://sede.sepe.gob.es/FOET_CATALOGO_EEFF_SEDE/flows/main?execution=e1s1

(Fuente: Servicio Público de Empleo Estatal)

Índice

Unidad de Aprendizaje 1
Introducción a los ámbitos de aplicación y definiciones

1. Introducción	11
2. Aproximación a la normativa europea de protección de datos	11
3. Ámbito de aplicaciones	12
4. Definiciones	14
5. Resumen	16
Ejercicios de autoevaluación	19

Unidad de Aprendizaje 2
Definición de principios generales

1. Introducción	23
2. Principios en el tratamiento de datos	23
3. Consentimiento	27
4. Supuestos específicos de datos personales	30
5. Resumen	31
Ejercicios de autoevaluación	33

Unidad de Aprendizaje 3
Gestión de derechos del interesado

1. Introducción	37
2. Información al obtener los datos	37
3. Derechos	41
4. Resumen	42
Ejercicios de autoevaluación	45

Unidad de Aprendizaje 4
Conocimiento de obligaciones del RT y ET

1. Introducción	49
2. Obligaciones del responsable del tratamiento	49

3. Obligaciones del encargado del tratamiento   52
4. Resumen   55
   Ejercicios de autoevaluación   57

Unidad de Aprendizaje 5
Aplicación de medidas de seguridad

1. Introducción   61
2. Seguridad en el tratamiento   61
3. Notificación de una violación de seguridad   63
4. Evaluación de impacto y consulta previa   66
5. Delegado de protección de datos   69
6. Código de conducta y certificaciones   71
7. Resumen   72
   Ejercicios de autoevaluación   75

Glosario   77

Bibliografía   79

OBJETIVOS GENERALES

Los objetivos generales del **CTRG0003. Reglamento europeo de protección de datos,** son los siguientes:

- ⮞ Conocer el Reglamento Europeo, destacando todos aquellos aspectos que pueden generar algún tipo de incidencia de acuerdo con la normativa y las obligaciones, derechos y responsabilidades existentes de cara al tratamiento de datos.
- ⮞ Conocer aspectos generales del Reglamento (UE) 2016/679.
- ⮞ Conocer los principios aplicables en la protección de datos personales según el Reglamento (UE) 2016/679.
- ⮞ Conocer el deber de información del responsable del tratamiento de los datos y los derechos que tiene el interesado, según el Reglamento (UE) 2016/679.
- ⮞ Conocer las obligaciones que le corresponden al responsable del tratamiento de los datos y al encargado del mismo, según el Reglamento (UE) 2016/679.
- ⮞ Conocer las medidas de seguridad a aplicar en el tratamiento de los datos determinadas por el Reglamento (UE) 2016/679, así como la figura del delegado de protección de datos, sus características y funciones.

Introducción a los ámbitos de aplicación y definiciones

Contenido

1. Introducción
2. Aproximación a la normativa europea de protección de datos
3. Ámbito de aplicaciones
4. Definiciones
5. Resumen

Objetivos

El objetivo general de esta Unidad de Aprendizaje es:

→ Conocer aspectos generales del Reglamento (UE) 2016/679.

Los objetivos específicos de esta Unidad de Aprendizaje son:

→ Identificar el ámbito de aplicación del Reglamento General de Protección de Datos.

→ Identificar los términos relevantes relacionados con la protección de datos según el RGPD.

1. Introducción

El Reglamento General de Protección de Datos nace como respuesta a la complejidad de los procesos de tratamiento de datos que actualmente existen en internet. El avance continuo en las **tecnologías de la información** y la importancia que se está dando **a la sociedad del conocimiento** han sido el origen de este elevado nivel de complejidad.

La Unión Europea, con el fin de adaptar la legislación vigente al nuevo escenario tecnológico, propició la creación de una normativa europea de obligado cumplimiento para los Estados miembros (Em) y que trajo consigo novedades en el tratamiento de los datos personales: **Reglamento (UE) 2016/679 del Parlamento Europeo y del Consejo, de 27 de abril de 2016.**

Para conocer el ámbito de aplicación y los nuevos conceptos que se deberán dominar para un correcto tratamiento de los datos de carácter personal, nos basaremos en el caso de Roberta, nueva incorporación en el Departamento de Administración en la empresa textil Montesquino, S. L.

2. Aproximación a la normativa europea de protección de datos

☞ HILO CONDUCTOR

Roberta ha comenzado a trabajar en el Departamento de Administración de la empresa textil Montesquino, S. L. Aunque conoce algo sobre la normativa española de protección de datos, está muy interesada en ponerse al día en todo lo relacionado con la normativa europea sobre protección de datos que incorpora el Reglamento (UE) 2016/679.

Ha empezado por saber cuál es el origen del cambio normativo de la legislación española a la europea.

Para la Unión Europea (UE), la protección de datos de carácter personal se considera **un derecho fundamental** de todos los ciudadanos, de ahí que sus normas respeten este derecho y protejan los datos de carácter personal. Como garantía del cumplimiento de este derecho fundamental se aprobó el Reglamento (UE) 2016/679 (**RGPD**) y la Directiva (UE) 2016/680, ambas normativas del Parlamento Europeo y del Consejo, de 27 de abril de 2016.

Con carácter general, como principal causa de la reforma normativa a nivel europeo que propuso la Comisión Europea en la protección de los datos de carácter personal, se cita la evolución de ciertos aspectos sobre la sociedad actual.

Así, los aspectos que han propiciado la reforma normativa dando lugar al reglamento europeo son:

- **Evolución tecnológica:** las medidas de seguridad aplicadas en el tratamiento de los datos quedaron obsoletas por los avances tecnológicos. Gracias al RGPD, los ciudadanos aumentaron el control de sus datos personales y la seguridad en la transferencia de información realizada mediante dispositivos tecnológicos.
- **Simplificación y unidad europea:** las normas sobre protección de datos propias de cada país hacían difícil su gestión. Con el RGPD se produce una aplicación uniforme de la normativa en todos los Em. Además, la simplificación normativa permite menores trámites, mayor cooperación y un aumento del desarrollo económico y del comercio internacional.
- **Refuerzo de derechos del ciudadano en la web y en las redes sociales:** el uso habitual de las redes sociales y de los servidores virtuales hicieron que la seguridad de los datos estuviera en riesgo. Con el RGPD, el interesado consigue tener un acceso total a sus datos, poder eliminarlos, dar su consentimiento para transferirlos, protegerlo de las vulneraciones, etc.

3. Ámbito de aplicaciones

 **HILO CONDUCTOR**

Roberta ya conoce el origen de la reforma normativa de la legislación europea de protección de datos, pero quiere seguir ampliando sus conocimientos sobre esta materia, al saber que gestionará, junto con el responsable de la empresa, el tratamiento de los datos de los clientes.

Para ello, tendrá que identificar cuál es el ámbito de aplicación del RGPD.

El RGPD será de aplicación, en principio, a los responsables y encargados del tratamiento de datos de **personas físicas establecidas en la UE.** No obstante, se extenderá su aplicación a aquellos que **no estén establecidos dentro de los países de la UE,** cuando el tratamiento de los datos se encuentre en alguna de las siguientes circunstancias:

Vinculado a una oferta de bienes o servicios para ciudadanos europeos	Relacionado con el control del comportamiento de las personas de la UE

El reglamento europeo determina en su articulado que su **ámbito de aplicación** en el tratamiento de los datos puede ser:

Material

- Tratamiento total o parcialmente automatizado de datos personales.
- Tratamiento no automatizado de datos personales contenidos en ficheros.
- Tratamiento de datos de carácter personal por instituciones europeas.

Territorial

- Tratamiento de datos personales en las actividades de un responsable o encargado ubicado en la Unión.
- Tratamiento de datos personales de un interesado europeo por parte de un responsable o encargado no establecido en la UE, sobre la oferta de bienes o servicios.
- Tratamiento de datos personales por un responsable no establecido en la UE sino en un lugar donde se aplica el derecho de los Em por acuerdos internacionales.

 IMPORTANTE

El RGPD no es aplicable al tratamiento de datos que se produzca en el desarrollo de actividades no incluidas en el ámbito de aplicación del derecho de la Unión y, en el caso de los Estados miembros, del Capítulo 2 del título V del Tratado de la UE; a las personas físicas en sus actividades personales o domésticas; a las autoridades competentes relacionadas con infracciones penales y sanciones; y a los datos personales de personas fallecidas.

4. Definiciones

☞ HILO CONDUCTOR

Continuando con el análisis del RGPD, Roberta, aunque conoce los términos que la normativa nacional introdujo en este ámbito, quiere saber lo que la normativa europea ha modificado en relación a este aspecto. Le interesa conocer los conceptos que, a partir de este momento se van a aplicar en la protección de los datos.

Los términos utilizados en el ámbito de la protección de datos ya estaban regulados en la legislación de protección de datos española, sin embargo, el **RGPD ha introducido nuevos y matizado y concretado algunos de los ya existentes.** Es en el **artículo 4** de este reglamento donde se contemplan dichas definiciones.

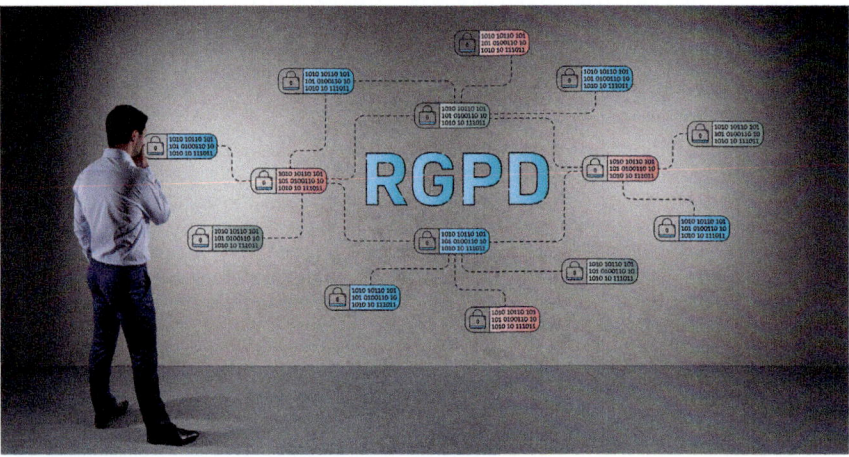

En el RGPD se contemplan nuevos términos necesarios para su correcta interpretación y aplicación.

Tanto los términos de la normativa nacional modificados por el RGPD como los nuevos introducidos por este, se consideran imprescindibles para comprender las obligaciones que **garantizan la seguridad de los datos.** Los conceptos más relevantes son:

⊃ **Autoridad de control:** autoridad pública independiente establecida por un Estado miembro.

- **Consentimiento del interesado:** toda manifestación de voluntad libre, específica, informada e inequívoca por la que el interesado acepta, el tratamiento de sus datos personales.
- **Datos biométricos:** datos personales obtenidos a partir de un tratamiento técnico específico, relativos a las características físicas, fisiológicas o conductuales de una persona física que permitan o confirmen la identificación única de dicha persona, como imágenes faciales o datos dactiloscópicos.
- **Datos de carácter personal:** toda información sobre una persona física identificada o identificable.
- **Datos de carácter personal relacionados con la salud:** datos personales relativos a la salud física o mental de una persona física, incluida la prestación de servicios de atención sanitaria que revelen información sobre su estado de salud.
- **Datos genéticos:** datos personales relativos a las características genéticas heredadas o adquiridas de una persona física que proporcionen una información única sobre la fisiología o la salud de esa persona, obtenidos en particular del análisis de una muestra biológica de tal persona.
- **Destinatario:** persona física o jurídica, autoridad pública, servicio u otro organismo al que se comuniquen datos personales, se trate o no de un tercero. No son destinatarios las autoridades públicas que reciban datos personales a tenor de una investigación.
- **Elaboración de perfiles:** toda forma de tratamiento automatizado de datos personales consistente en su utilización para evaluar aspectos personales de la persona física, tales como el rendimiento profesional, la situación económica, la salud, preferencias, ubicación, etc.
- **Encargado del tratamiento:** persona física o jurídica, autoridad pública, servicio u otro organismo que trate datos personales por cuenta del responsable del tratamiento.
- **Persona identificable:** toda persona física cuya identidad pueda determinarse mediante un identificador, como por ejemplo un nombre, un número de identificación, datos de localización, un identificador en línea o elementos propios de la identidad física, fisiológica, etc.
- **Representante:** persona física o jurídica establecida en la Unión que, habiendo sido designada por escrito por el responsable o el encargado del tratamiento, los represente en el cumplimiento de sus obligaciones.
- **Responsable del tratamiento:** toda persona física o jurídica, autoridad pública, servicio u otro organismo que, solo o junto con otros, determine los fines y medios del tratamiento.
- **Seudonimización:** tratamiento de datos personales de manera que no puedan atribuirse a un interesado sin utilizar información adicional, siempre que esta figure por separado y esté sujeta a medidas técnicas y organizativas que garanticen que dichos datos no se puedan atribuir a otra persona física.

- **Tercero:** persona física o jurídica, autoridad pública, servicio u organismo distinto del interesado, del responsable o encargado del tratamiento y de las personas autorizadas al mismo.
- **Tratamiento de datos:** cualquier operación o conjunto de operaciones realizadas sobre datos personales o conjuntos de datos personales, ya sea por procedimientos automatizados o no, como la recogida, registro, organización, estructuración, conservación, adaptación o modificación, extracción, consulta, utilización, comunicación por transmisión, difusión o cualquier otra forma de habilitación de acceso, cotejo o interconexión, limitación, supresión o destrucción.
- **Tratamiento transfronterizo:** tratamiento de datos personales realizado por las actividades de uno o varios establecimientos situados en uno o varios Estados miembros y pertenecientes a un responsable o encargado del tratamiento en la Unión.

 TAREA 1

Montserrat va a un hospital privado a que le practiquen una extracción de sangre para comprobar si tiene hiperglucemia. Joaquín es el enfermero que le realiza la prueba; Araceli, la administrativa que gestiona el envío de su prueba al laboratorio; y Rosa M.ª es la analista que analiza la prueba de sangre. Los resultados no son positivos, y como Rosa es amiga de Montserrat, decide enviarle el PDF de los resultados por correo electrónico.

Identifica las figuras y acciones del supuesto planteado, atendiendo a las definiciones reguladas por el RGPD, justificando tu respuesta.

----

5. Resumen

El origen de la creación del Reglamento General de Protección de Datos (RGPD) está en la **evolución tecnológica,** la necesidad de conseguir una **simplificación y unidad europea** en esta materia y una **protección adicional de los derechos de los ciudadanos,** tanto en la web como en la utilización de las redes sociales.

En el ámbito de aplicación del reglamento europeo se distingue entre:

- Ámbito de aplicación material

⮑ Ámbito de aplicación territorial

También existen determinadas actividades en las que no es posible aplicar el reglamento europeo.

En la gestión del tratamiento de los datos personales se utilizan términos o conceptos específicos de este ámbito. El reglamento europeo ha introducido algunos nuevos, además de puntualizar otros que la normativa nacional venía utilizando. Entre ellos se encuentran: autoridad de control, consentimiento del interesado, datos biométricos, seudonimización, etc.

Ejercicios de autoevaluación
Unidad de Aprendizaje 1

1. Señala si la siguiente afirmación es verdadera o falsa: "El Reglamento europeo hace posible una aplicación uniforme de la normativa de protección de datos; sin embargo, aumentarán los trámites administrativos y disminuirá la cooperación entre los países miembros de la UE".

   - Verdadero
   - Falso

2. Cuando las personas físicas no están establecidas en los países de la UE, ¿en qué casos será aplicable el RGPD en el tratamiento de sus datos?

   a. Si está vinculado a una oferta de bienes para ciudadanos europeos.
   b. Solo se aplicará a personas físicas establecidas en la UE.
   c. Si están relacionados con el control del comportamiento de ciudadanos de la UE.
   d. En todos aquellos supuestos en los que haya tratamiento de datos, independientemente del lugar de establecimiento de las personas físicas.

3. Indica si la siguiente afirmación es verdadera o falsa: "A las actividades personales o domésticas de las personas físicas no les será de aplicación el RGPD".

   - Verdadero
   - Falso

4. ¿Qué son los datos biométricos?

   a. Datos personales relativos a las características genéticas heredadas o adquiridas de una persona física que proporcionen una información única sobre la fisiología o la salud de esa persona, obtenidos en particular del análisis de una muestra biológica de tal persona.

b. Toda información sobre una persona física identificada o identificable.

c. Conjunto estructurado de datos personales, accesibles con arreglo a criterios determinados, ya sea centralizado, descentralizado o repartido de forma funcional o geográfica.

d. Datos personales obtenidos a partir de un tratamiento técnico específico, relativos a las características físicas, fisiológicas o conductuales de una persona física que permitan o confirmen la identificación única de dicha persona, como imágenes faciales o datos dactiloscópicos.

5. **La persona física o jurídica, autoridad pública, servicio u otro organismo que, solo o junto con otros, determine los fines y medios del tratamiento, ¿con qué concepto está relacionado?**

a. Encargado del tratamiento.

b. Representante.

c. Responsable del tratamiento.

d. Destinatario.

Definición de principios generales

Contenido

1. Introducción
2. Principios en el tratamiento de datos
3. Consentimiento
4. Supuestos específicos de datos personales
5. Resumen

Objetivos

El objetivo general de esta Unidad de Aprendizaje es:

→ Conocer los principios aplicables en la protección de datos personales según el Reglamento (UE) 2016/679.

Los objetivos específicos de esta Unidad de Aprendizaje son:

→ Identificar con carácter general los principios de la protección de datos.

→ Describir cómo se recoge el consentimiento del titular de los datos según el RGPD.

1. Introducción

Los principios relativos a la protección de las personas físicas en lo que respecta al tratamiento de sus datos deben **respetar sus libertades y derechos fundamentales,** sobre todo el derecho a la protección de los datos de carácter personal.

Los **principios** establecidos por la Directiva 95/46/CE no fueron suficientes para conseguir alcanzar los objetivos previstos, por lo que el Reglamento (UE) 2016/679 (RGPD) incluyó nuevos principios para dar mayor cobertura a la protección de los datos en los Estados miembros de la Unión Europea. Estos nuevos principios aplicables al tratamiento de los datos están regulados en el **artículo 5 del RGPD,** incluyendo sus características principales.

Para conocer los principios aplicables al tratamiento de los datos de carácter personal, nos basaremos en el caso de Roberta, trabajadora de la empresa textil Montesquino, S. L., y su inquietud por conocer todos los aspectos del Reglamento (UE) 2016/679.

2. Principios en el tratamiento de datos

☞ HILO CONDUCTOR

Roberta, para ayudar al responsable de la empresa en la gestión de la protección en tratamiento de los datos, necesita saber qué principios son los que se pueden aplicar. Con ello, podrá detectar las posibles actuaciones ilícitas que se produzcan en dicha gestión, y así conseguir un nivel de protección adecuado en su empresa.

El Reglamento (UE) 2016/679 (RGPD) regula un **grupo de principios** aplicables al tratamiento de los datos, con los que se quiere conseguir igualar el nivel de protección de los datos en toda la Unión Europea.

La información sobre la que deben aplicarse los principios es la relativa a las personas físicas identificadas o identificables. Por ello, **no serán aplicables a la información anónima** ni a los datos que se conviertan en anónimos para conseguir que el interesado no sea identificable, o deje de serlo (incluida la información con fines estadísticos o de investigación).

Los **principios aplicables en el tratamiento de los datos** y que están regulados en el artículo 5 del Reglamento (UE) 2016/679 son:

Licitud, lealtad y transparencia

– Los datos del interesado serán tratados de forma **lícita, leal y transparente.**

Limitación de la finalidad

– Los datos serán recogidos con fines **determinados, explícitos y legítimos.**

Minimización de los datos

– Los datos serán **adecuados, pertinentes y limitados** a los fines del tratamiento.

Exactitud

– Los datos serán **exactos** a los fines para los que se tratan y actualizados.

Limitación del plazo de conservación

– Los datos serán **conservados** solo durante el tiempo necesario para identificar a los interesados.

Integridad y confidencialidad

– El tratamiento debe **garantizar la seguridad** de los datos personales, y su protección frente al tratamiento no autorizado o ilícito, su pérdida, destrucción o daño accidental.

Responsabilidad proactiva

– El responsable del tratamiento será **responsable del cumplimiento** del resto de principios y debe ser capaz de demostrarlo.

 **IMPORTANTE**

Para que el tratamiento de los datos de carácter personal sea lícito, el RGPD determina que debe haber consentimiento por parte del interesado, existir un contrato o que el tratamiento sea necesario.

- -

Cuando se aplican los principios establecidos en el RGPD, se pueden producir distintos **tipos de tratamiento,** tales como tratamiento de datos con alto riesgo, transferencias internacionales de datos, elaboración de perfiles, datos tratados por grupos de empresas, datos de interés público, tratamientos a gran escala y tratamiento con datos seudonimizados.

Según el RGPD, el tratamiento de los datos se permite cuando está sustentado por unas **bases que lo hacen legal.** Esto se produce cuando se cumple, como mínimo, una de las siguientes condiciones:

Bases que limitan el tratamiento
- Existencia del consentimiento del interesado.
- Sea necesario para ejecutar una relación contractual.
- Sea necesario para proteger intereses vitales del interesado o de otras personas.
- Sea necesario para cumplir una obligación legal del responsable del tratamiento.
- Sea necesario para cumplir una tarea de interés público o ejercicio de poderes públicos.
- Sea necesario para satisfacer intereses legítimos del responsable o de terceros a los que se comunican los datos.

La información que se recoge de una persona puede ser de diferentes tipos, lo que implica que las medidas de seguridad serán distintas dependiendo de la **categoría de los datos** que se traten. Según el reglamento existen las siguientes categorías de datos:

- **Datos básicos:** aquellos que puedan identificar a una persona física, que no estén incluidos dentro de una categoría especial y que no sean relativos a condenas e infracciones penales. Entre ellos están: nombre y apellidos, NIF, estado civil, aficiones, puesto de trabajo, cuenta corriente, etc. Su tratamiento se basa en lo que se entiende por datos de carácter personal.
- **Datos especiales:** se incluyen en esta categoría los datos del origen étnico o racial; las opiniones políticas, convicciones religiosas o filosóficas; la afiliación sindical; los datos genéticos y los biométricos utilizados para identificar de forma precisa a una persona física; los relativos a la salud; y los relacionados con la vida sexual o la orientación sexual de una persona física. Aunque el RGPD regula la prohibición del tratamiento de estos datos, existen determinadas situaciones en las que sí se permite.
- **Datos relacionados con condenas e infracciones penales:** incluye datos de esta naturaleza, cuyo tratamiento solo se puede realizar bajo la supervisión de las autoridades públicas o cuando lo autorice el derecho de la Unión o de los Estados miembros.

NOTA

Cuando el tratamiento de los datos tenga una finalidad diferente para la que se recogieron inicialmente, el responsable debe comprobar si existe incompatibilidad entre la finalidad inicial y la final, atendiendo a aspectos tales como, el contexto, las consecuencias, la naturaleza de los datos, las garantías y la relación entre los fines.

- -

APLICACIÓN PRÁCTICA

Carlos ha ingresado en la prisión de Alcalá 1 y ha rellenado un formulario con los siguientes datos: NIF, nombre y apellidos, fecha de nacimiento, grupo sanguíneo y enfermedades padecidas. Dicho formulario ya incluía información automatizada referente al delito cometido y a la sentencia impuesta.

Según la clasificación del RGPD, ¿qué categorías de datos crees que existen en este supuesto?

- **a. Datos sanitarios.**
- **b. Datos básicos.**
- **c. Datos financieros.**
- **d. Datos especiales.**
- **e. Datos referidos a condenas e infracciones penales.**
- **f. Datos biométricos.**

Solución

El Reglamento General de Protección de Datos regula explícitamente dos categorías de datos: los datos especiales en su artículo 9 y los referidos a condenas e infracciones penales, en su artículo 10. No obstante, de la interpretación de su articulado se puede deducir que también existe la categoría de datos básicos.

En el caso planteado, se incluyen en la categoría de datos básicos el NIF, el nombre y apellidos, y la fecha de nacimiento; en la categoría de datos especiales, el grupo sanguíneo y las enfermedades padecidas, por ser datos relacionados con la salud; y en la categoría de datos relativos a condenas e infracciones

Continúa en página siguiente >>

<< Viene de página anterior

penales, los datos automatizados relacionados con el delito cometido y la sentencia impuesta.

---

3. Consentimiento

☞ HILO CONDUCTOR

Uno de sus clientes ha prestado el consentimiento para el tratamiento de sus datos, pero a Roberta no le ha quedado claro si se ha realizado de la forma correcta, ya que fue de forma oral y sin dejar constancia de ello en ningún documento. Ella ha estado analizando el reglamento europeo para saber si lo hizo correctamente, pero no está segura.

Para recoger, tratar y ceder datos de carácter personal es necesario que exista el consentimiento del interesado, de ahí que se considere un **requisito imprescindible** para que exista tratamiento de datos. Este consentimiento debe ser **libre, inequívoco, específico e informado** y se debe dar de forma clara y concisa para cada una de las finalidades existentes.

El interesado debe prestar su consentimiento sin ser coaccionado y de una forma explícita, ejerciendo así su derecho a conocer la finalidad en el tratamiento de sus datos.

El RGPD admite **las formas de consentimiento expreso y presunto,** ya que debe quedar claro y ser afirmativo. **Queda prohibido el consentimiento tácito.** Asimismo, cuando el tratamiento recaiga sobre datos sensibles, sean decisiones automatizadas y existan transferencias internacionales, el consentimiento debe ser **inequívoco y explícito.** No obstante, puede ser inequívoco e implícito cuando se deduzca de una acción del interesado.

 **EJEMPLO**

Si al acceder a una página web el sujeto acepta la utilización de *cookies* para monitorizar su navegación y sigue navegando, de esta forma está prestando un consentimiento implícito e inequívoco con su acción. Sin embargo, si muestra silencio, casillas ya marcadas o pasividad, no se consideran formas válidas de consentimiento.

Los **medios** a través de los cuales se puede prestar consentimiento son:

Declaración escrita
- Debe ser clara, inteligible, de acceso fácil, con lenguaje sencillo y presentada de forma individual.

Medios electrónicos
- Si el consentimiento tiene su origen en una solicitud electrónica, esta ha de ser **clara, concisa y no interferir** en el uso correcto del servicio.

Declaración verbal
- Se puede manifestar mediante una **conducta** clara del interesado aceptando el tratamiento de datos.

Las **formas de otorgar el consentimiento** que el Reglamento General de Protección de Datos establece deben seguir las siguientes pautas:

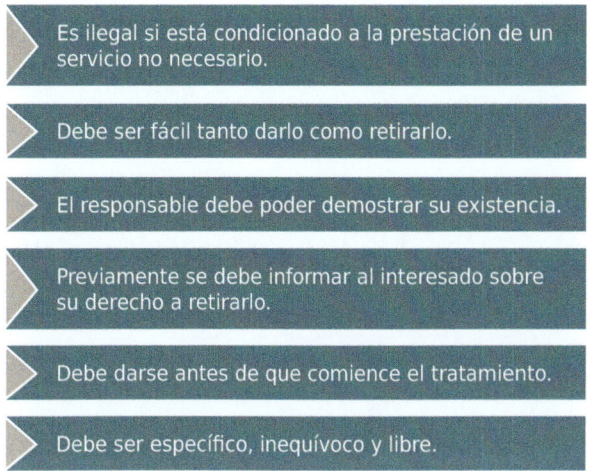

Es ilegal si está condicionado a la prestación de un servicio no necesario.

Debe ser fácil tanto darlo como retirarlo.

El responsable debe poder demostrar su existencia.

Previamente se debe informar al interesado sobre su derecho a retirarlo.

Debe darse antes de que comience el tratamiento.

Debe ser específico, inequívoco y libre.

 IMPORTANTE

El tratamiento de datos de los menores de 16 años es legal cuando el consentimiento es prestado por el titular de la patria potestad o tutela. El RGPD deja libertad a los Em para legislar una edad menor a esta, que no podrá ser inferior a 13 años.

 TAREA 2

Juan Pablo va a comprar un videojuego al centro comercial y el dependiente le muestra un formulario para recoger sus datos, ya que con la compra del videojuego se puede inscribir en unas sesiones *online* gratuitas que después serán exhibidas en la página web de la tienda. En cuanto al consentimiento en el tratamiento de sus datos, ¿cómo debe ser este formulario según lo regulado por el RGPD?

Y si Juan Pablo tuviera 11 años, ¿se debe tener en cuenta este aspecto en el formulario? Justifica tu respuesta.

4. Supuestos específicos de datos personales

☞ HILO CONDUCTOR

Ante la diversidad de casos que se le pueden presentar a Roberta en la empresa, ha decidido seguir actualizándose con las novedades que el RGPD ha introducido en la protección de datos. Por ello, va a abordar aquellos casos específicos que se le pueden presentar en el tratamiento de los datos personales.

Hasta el momento se ha visto el tratamiento de datos con carácter general. Sin embargo, el RGPD establece una serie de disposiciones relativas a las siguientes situaciones específicas de tratamiento:

- **Tratamiento y libertad de expresión y de información:** los países de la UE deben conciliar el derecho a la protección de los datos personales con el derecho a la libertad de expresión y de información, incluido el tratamiento con fines periodísticos, académicos, artísticos o literarios.
- **Tratamiento y acceso del público a documentos oficiales:** según el RGPD los datos personales de los documentos oficiales podrán ser comunicados por los organismos públicos o entidades con intereses públicos.
- **Tratamiento del número nacional de identificación (NIF):** los Em podrán determinar de forma adicional las condiciones específicas para dicho tratamiento, garantizado los derechos y libertades del interesado.
- **Tratamiento en el ámbito laboral:** los Em podrán determinar normas más específicas para garantizar la protección de los derechos y libertades en el tratamiento de datos personales de los trabajadores en el ámbito laboral, en relación a la contratación, organización del trabajo, igualdad, salud y seguridad, etc.
- **Tratamiento con fines de archivo en interés público, fines de investigación científica o histórica o fines estadísticos:** estos tratamientos estarán sujetos a la aplicación de medidas que garanticen el respeto al principio de minimización de los datos personales, como protección de los derechos y libertades de los interesados.

Los Estados miembros pueden adoptar normas específicas para fijar los poderes de las autoridades de control, de los responsables o encargados que están sujetos a una **obligación de secreto profesional,** cuando sea necesario para compaginar el derecho a la protección de los datos personales con la obligación de secreto. Esas normas solo se aplicarán a los datos personales de actividades cubiertas por la citada obligación.

IMPORTANTE

El tratamiento de las categorías especiales de datos personales (por ejemplo, los sanitarios) debe ser realizado por un profesional bajo secreto profesional.

En lo que respecta a la **Iglesia y asociaciones religiosas,** el RGPD se pronuncia en su artículo 91 sobre la continuidad de las normas vigentes en la protección de datos que se aplican en estas y sobre su control a través de una autoridad de control independiente específica.

5. Resumen

El Reglamento General de Protección de Datos regula en su articulado una serie de **principios aplicables al tratamiento de datos.** La aplicación de los principios puede dar lugar a distintos tipos de tratamiento. Estos principios son:

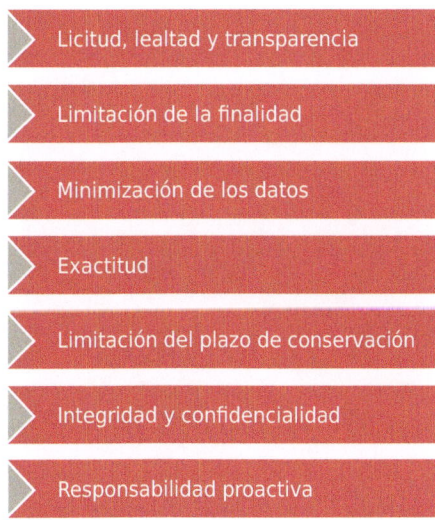

Licitud, lealtad y transparencia

Limitación de la finalidad

Minimización de los datos

Exactitud

Limitación del plazo de conservación

Integridad y confidencialidad

Responsabilidad proactiva

La información objeto de tratamiento sobre la que se pueden aplicar estos principios es la relativa a una **persona física identificada o identificable,** no siendo posible su aplicación a información anónima. Esta información se puede incluir en alguna de las **categorías de datos** reguladas por el RGPD, y que son: **datos básicos, datos especiales y datos relacionados con condenas e infracciones.**

Las características del **consentimiento del interesado** es un requisito imprescindible para el tratamiento de datos; debe ser libre, inequívoco, específico e informado; se admiten las formas de consentimiento expreso y presunto; y se puede prestar mediante declaración escrita, por medios electrónicos o declaración verbal.

El RGPD regula el tratamiento de determinadas situaciones específicas, además de las relacionadas con los profesionales sujetos a secreto profesional y con el ámbito religioso.

Ejercicios de autoevaluación
Unidad de Aprendizaje 2

1. **Los principios en el tratamiento de datos, ¿a qué información no se pueden aplicar?**

    a. Información de una persona física identificable.
    b. Información anónima.
    c. Información de una persona física identificada.
    d. Datos personales seudonimizados.

2. **Indica si la siguiente afirmación es verdadera o falsa: "El tratamiento de los datos de carácter personal es legal cuando hay consentimiento del interesado, existe un contrato o el tratamiento es necesario".**

    ■ Verdadero
    ■ Falso

3. **Señala si la siguiente afirmación es verdadera o falsa: "Uno de los principios que regula el Reglamento (UE) 2016/679 es el de limitación del plazo de conservación".**

    ■ Verdadero
    ■ Falso

4. **¿En qué categoría de datos se incluirá la información relacionada con las aficiones del interesado?**

    a. Datos especiales.
    b. Datos relacionados con condenas e infracciones penales.
    c. Datos básicos.
    d. Datos específicos.

5. **¿Cómo debe ser el consentimiento prestado por un interesado para el tratamiento de sus datos? Elige las características correctas.**

    a. Libre
    b. Tácito
    c. Informado
    d. Específico

Gestión de derechos del interesado

Contenido

1. Introducción
2. Información al obtener los datos
3. Derechos
4. Resumen

Objetivos

El objetivo general de esta Unidad de Aprendizaje es:

→ Conocer el deber de información del responsable del tratamiento de los datos y los derechos que tiene el interesado, según el Reglamento (UE) 2016/679.

Los objetivos específicos de esta Unidad de Aprendizaje son:

→ Explicar cómo se suministra al interesado la información sobre el tratamiento de sus datos, según el RGPD.

→ Enumerar los derechos que regula el RGPD para garantizar la protección de los datos personales del interesado, en el tratamiento de los mismos.

1. Introducción

La aplicación de los principios de tratamiento leal y transparente hace necesario que el responsable del tratamiento **informe al interesado** sobre este hecho, además de los fines para los cuales se han recopilado los datos de carácter personal. Asimismo, debe suministrar toda la información complementaria necesaria para que el interesado tenga **garantías suficientes sobre el tratamiento leal y transparente.** El Reglamento (UE) 2016/679 (RGPD) regula las características que debe tener este suministro de información por parte del responsable.

Con el objetivo de proporcionar al interesado instrumentos que le ayuden a controlar los datos de carácter personal susceptibles de ser tratados por entidades o empresas, se regulan en el RGPD un conjunto de **derechos.**

Para conocer las características de la obligación de información del responsable del tratamiento, así como los derechos de los interesados en el tratamiento de datos, nos basaremos en el caso de Roberta y en su tarea de apoyo a la gestión en el tratamiento de los datos que está realizando junto al responsable.

2. Información al obtener los datos

👉 HILO CONDUCTOR

La información que hay que facilitar al interesado sobre el tratamiento de sus datos, así como la manera de cumplimiento de esta obligación por parte del responsable, han sido modificadas por el Reglamento General de Protección de Datos. Por ello, Roberta está revisando los formularios que cumplimentaron sus clientes para comprobar si cumplen con lo nuevo regulado.

La recogida de información es imprescindible para que se pueda producir el tratamiento de los datos que contiene. Existen **distintas formas de recopilar la información de los interesados,** siendo algunas de las más frecuentes los formularios en papel o por la web, las entrevistas telefónicas, el registro en aplicaciones móviles, la navegación, etc.

Cuando se recogen, usan o almacenan datos de carácter personal de un interesado, existe una **obligación de información** por parte del responsable. Los datos se pueden obtener **directamente del propio interesado** o, por el contrario, ser recabados de **terceros o de fuentes accesibles al público.** En ambos casos, el RGPD establece que la información a suministrar al interesado, relacionada con el tratamiento de sus datos, se debe realizar cumpliendo las siguientes características:

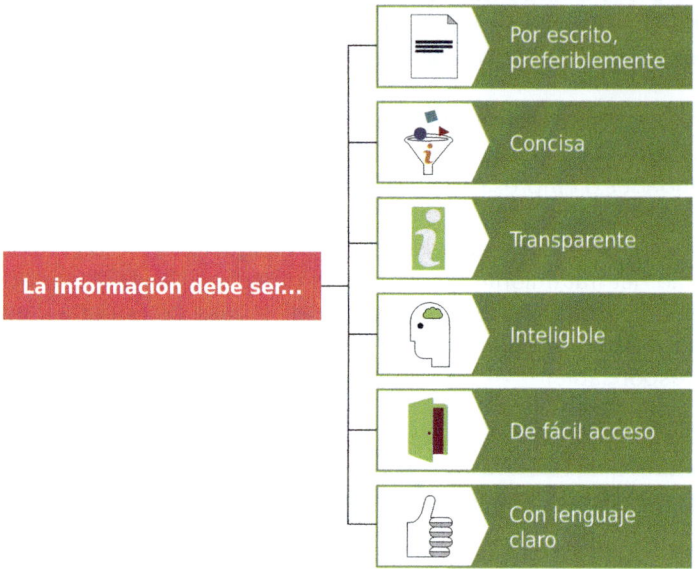

 **NOTA**

Para cumplir con la condición de claridad en la información suministrada al interesado, el responsable del tratamiento cuenta con el sistema de información por capas o niveles, instrumentado por la Agencia Española de Protección de Datos (AEPD).

ACTIVIDAD COMPLEMENTARIA

1. La claridad en la información suministrada al interesado es una condición impuesta por el Reglamento (UE) 2016/679, la cual se puede cumplir si la entidad lo realiza mediante el sistema de información por capas, ¿en qué consiste este sistema?

Cuando la información se obtiene **directamente del propio interesado,** las pautas a seguir por el responsable del tratamiento son las siguientes:

➲ Es necesario informarle de determinados aspectos para que el tratamiento de sus datos sea leal y transparente. Son los siguientes:

  ◑ Identidad y datos de contacto del responsable y/o de su representante.
  ◑ Datos de contacto del delegado de protección de datos.
  ◑ Fines del tratamiento y su base jurídica.
  ◑ Si el tratamiento es necesario para satisfacer intereses legítimos del responsable del tratamiento es necesario informar sobre ellos.
  ◑ Destinatarios o categorías de destinatarios.
  ◑ Intención del responsable de transferir datos personales a un tercer país u organización internacional.
  ◑ Plazo de conservación de los datos personales.
  ◑ Existencia de los derechos que pueden ejercer respecto de sus datos personales.
  ◑ Si el interesado dio su consentimiento se debe informar de la existencia del derecho a retirarlo en cualquier momento.
  ◑ Derecho a presentar una reclamación ante una autoridad de control.
  ◑ Si la comunicación de datos personales es un requisito legal o contractual.
  ◑ Si la comunicación de datos es una obligación y las consecuencias de no hacerlo.
  ◑ Existencia de decisiones automatizadas, incluida la elaboración de perfiles, e información sobre la lógica aplicada, importancia y consecuencias.

➲ Debe informar al interesado, previamente, de cualquier otro tratamiento posterior cuyo fin sea distinto del inicial.
➲ Se debe informar al interesado en el mismo momento en que se soliciten los datos, previamente a la recogida o al registro de la información.

Cuando la información se obtiene de **fuentes ajenas al interesado,** el responsable debe informar además del **origen de los datos** y de las **categorías** de estos.

El **momento** en el que el responsable debe facilitar la información al interesado depende de: que se hayan obtenido ya los datos personales, siendo el plazo máximo un mes; que se deban utilizar para comunicarse con el interesado, siendo el plazo el momento de la primera comunicación; o que los datos se vayan a comunicar a otro destinatario, siendo el plazo el momento en que se comuniquen por primera vez.

 SABÍAS QUE...

Con carácter general, no es necesario informar al interesado cuando ya disponga de la información; cuando sea imposible o muy difícil informar; cuando así lo establezca el derecho de la Unión o de los Estados miembros; o cuando los datos deban seguir teniendo carácter confidencial.

El tratamiento de datos personales hace necesario que cada entidad disponga de una **política de información,** con el objetivo de comunicar a los interesados los detalles del tratamiento y la forma de ejercer sus derechos. El responsable del tratamiento es el que establece esta política en la entidad. Deberá ser clara, concisa, transparente y accesible, y recoger una serie de aspectos que dependerán del **plan de actuación** a acometer.

 TAREA 3

Al contratar con la compañía del gas el suministro para su vivienda, José Luis ha facilitado datos personales y financieros. Para el tratamiento de sus datos, ¿qué información debe facilitarle la compañía del gas al usuario? ¿En qué plazo? ¿Cómo puede hacerlo?

Responde a las cuestiones planteadas explicando la información que debe suministrar la compañía del gas, en qué plazo y qué formas tiene de hacerlo.

3. Derechos

☞ HILO CONDUCTOR

En materia de protección de datos, Roberta está interesada en conocer cuáles son los derechos que tienen sus clientes. Sabe que, entre la normativa nacional y el Reglamento General de Protección de Datos, ha habido cambios en este aspecto, de ahí su interés por conocer los derechos que deberá aplicar a sus clientes desde la aplicación del Reglamento (UE) 2016/679.

La protección de datos posibilita que los individuos tengan la capacidad de controlar sus datos personales y sean capaces de decidir sobre los mismos. En el tratamiento de datos de carácter personal, el interesado debe tener la posibilidad, en cualquier momento, de **acceder a la información, rectificar o modificar** los datos que tiene en su poder cualquier entidad o empresa e incluso oponerse a su tratamiento cuando no lo considere necesario.

El RGPD en sus artículos 12 a 22 regula, conjuntamente con los derechos de los interesados, una serie de obligaciones para el responsable en relación con estos derechos.

Los **derechos** que tiene el interesado en relación con el tratamiento de sus datos, y que regula el RGPD, son los siguientes:

a. **Derecho de acceso:** permite controlar el uso, conocer y obtener información sobre los datos de carácter personal sometidos a tratamiento por una empresa pública o privada. Debe ejercerlo el propio interesado y solicitarlo a la entidad que esté tratando sus datos. Al ejercerlo, el interesado puede obtener una confirmación del tratamiento o no de sus datos por parte del responsable, y se le debe facilitar una copia de los datos que están siendo tratados.

b. **Derecho de rectificación y de supresión:** el interesado tiene derecho a obtener del responsable del tratamiento la rectificación de sus datos personales cuando resulten inexactos e incompletos. De otra parte, el derecho al olvido o de supresión tiene como finalidad impedir la difusión de información personal a través de internet cuando la publicación no sea adecuada y pertinente, y sea obsoleta, incompleta, falsa o irrelevante. El artículo 17 del reglamento especifica tanto las circunstancias que dan derecho a la supresión de datos como las que no.

c. **Derecho a la limitación del tratamiento:** el interesado tiene autoridad para solicitar del responsable la limitación en el tratamiento de sus datos, debiendo este cumplir con lo solicitado. Para que se pueda limitar el tratamiento se han de cumplir algunas de las siguientes condiciones: inexactitud, ilicitud, reclamación u oposición. El interesado debe ser informado cuando se produzca el levantamiento de la limitación y puede dar de nuevo el consentimiento para que sean tratados.

d. **Derecho a la portabilidad de datos:** permite al interesado la transmisión de sus datos personales de un responsable a otro. De esta forma, tendrá derecho a recibir sus datos, de los facilitados a un responsable, y a transmitirlos a otro. Esto no podrá impedirlo el primer responsable siempre que exista consentimiento del interesado, un contrato o se realice por medios automatizados. Este derecho abarca también los datos generados en la actividad del primer responsable. Este derecho se entenderá sin perjuicio del ejercicio del derecho al olvido.

e. **Derecho de oposición:** permite al interesado oponerse al tratamiento de sus datos personales en cualquier momento, por causas relacionadas con su situación particular y cuando el tratamiento se encuentre en algunas de las siguientes situaciones: se realice con fines de mercadotecnia directa; sea de interés legítimo del responsable y no prevalezcan los del interesado; se base en la elaboración de perfiles; o se base en investigaciones históricas, estadísticas o científicas.

f. **Decisiones individuales automatizadas:** cualquier persona tiene derecho a no ser objeto de una decisión basada únicamente en el tratamiento automatizado que produzca efectos jurídicos en él o le afecte significativamente. Este derecho no se aplicará cuando la decisión de elaborar el perfil sea necesaria en la ejecución de un contrato, esté autorizada por el derecho de la UE o haya consentimiento explícito del interesado.

g. **Otros derechos:** además de los anteriores, el interesado puede ejercer el derecho a presentar una reclamación ante la autoridad de control, a interponer un recurso judicial y a una indemnización y responsabilidad.

4. Resumen

La información del interesado se puede obtener **directamente del mismo, de terceros o de fuentes con acceso al público**. El responsable del tratamiento de los datos, tanto de entidades públicas como privadas, tiene una **obligación de información** no solo cuando recopila datos personales, sino también cuando los utiliza o almacena. La información a suministrar al interesado debe ser por escrito, concisa, transparente, inteligible, accesible y clara.

El **momento** en el que la información debe ser suministrada por el responsable difiere según sean las circunstancias de los datos.

Es el responsable el que establece la **política de información** de la entidad, que debe ser clara, concisa, transparente y accesible, además de posibilitar la recopilación de una serie de aspectos que dependerán del **plan de actuación a seguir.**

El interesado, durante el tratamiento de sus datos personales cuenta con una serie de **derechos** que le permiten tener el control de sus datos en todo momento. Los derechos que puede ejercer el interesado, regulados por el RGPD, son:

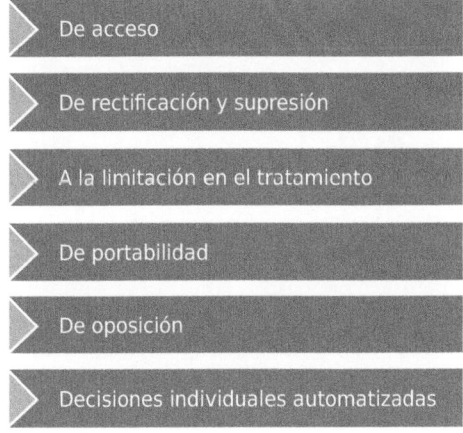

De acceso

De rectificación y supresión

A la limitación en el tratamiento

De portabilidad

De oposición

Decisiones individuales automatizadas

Ejercicios de autoevaluación
Unidad de Aprendizaje 3

1. **Indica si la siguiente afirmación es verdadera o falsa: "El responsable tiene una obligación de información con el interesado".**

   - Verdadero
   - Falso

2. **¿Cuáles son las características de la información que se suministra al interesado?**

   a. Será suministrada preferiblemente por escrito.
   b. De fácil acceso.
   c. Transparente.
   d. Con lenguaje técnico claro.

3. **Señala si la siguiente afirmación es verdadera o falsa: "El derecho de acceso lo ejerce el responsable y lo solicita al interesado cuyos datos se van a tratar".**

   - Verdadero
   - Falso

4. **Según el RGPD, ¿cómo se denomina también el derecho de supresión?**

   a. Derecho de cancelación.
   b. Derecho al olvido.
   c. Derecho de eliminación.
   d. Derecho de oposición.

5. **¿Qué derecho permite al interesado oponerse al tratamiento de sus datos cuando este se realice con fines de mercadotecnia técnica?**

   a. Derecho por decisiones individuales automatizadas.
   b. Derecho a indemnización y responsabilidad.
   c. Derecho a oposición.
   d. Derecho a interponer un recurso comercial.

Conocimiento de obligaciones del RT y ET

Contenido

1. Introducción
2. Obligaciones del responsable del tratamiento
3. Obligaciones del encargado del tratamiento
4. Resumen

Objetivos

El objetivo general de esta Unidad de Aprendizaje es:

→ Conocer las obligaciones que le corresponden al responsable del tratamiento de los datos y al encargado del mismo, según el Reglamento (UE) 2016/679.

Los objetivos específicos de esta Unidad de Aprendizaje son:

→ Describir cuáles son las obligaciones del responsable del tratamiento de los datos, atendiendo a lo regulado en el RGPD.

→ Describir cuáles son las obligaciones del encargado del tratamiento de los datos, atendiendo a lo regulado en el RGPD.

1. Introducción

La protección efectiva de los datos personales a nivel europeo exige que se intensifiquen y precisen las obligaciones de quienes tratan y determinan el tratamiento de los datos de carácter personal. El Reglamento (UE) 2016/679 regula un conjunto de obligaciones que debe conocer y cumplir el responsable del tratamiento.

Asimismo, el encargado del tratamiento ayudará al responsable a garantizar el cumplimiento de determinadas obligaciones. Es por ello, que el encargado del tratamiento disponga de sus propias obligaciones.

Para conocer las obligaciones en materia de protección de datos que tienen tanto el responsable como el encargado del tratamiento, nos basaremos en la relación de Roberta con estas dos figuras.

2. Obligaciones del responsable del tratamiento

 HILO CONDUCTOR

José Carlos, director de Montesquino, S. L., es el responsable de la finalidad, contenido y uso de los datos personales de sus clientes. Como el RGPD incluye novedades en las obligaciones de esta figura, Roberta ha concertado una reunión con él para comunicárselas y así pueda conocer este lo que deberá tener en cuenta en este aspecto, a partir de ese momento.

El Reglamento General de Protección de Datos define al **responsable del tratamiento (o responsable)** como la persona física o jurídica, autoridad pública, servicio u otro organismo que, de forma individual o junto a otros, determina los fines y medios del tratamiento. Esta es la figura que se encargará de aplicar las **medidas relativas a proteger el tratamiento de datos** de personas físicas. Sus principales **obligaciones** están enfocadas a:

> La responsabilidad que tiene en el tratamiento de los datos y en la aplicación de sus principios.

Continúa en página siguiente >>

<< Viene de página anterior

> La implantación de la política de información.

> Asegurar que el consentimiento es obtenido de forma lícita y con las garantías requeridas.

> La responsabilidad de facilitar el ejercicio de derechos del interesado y la obligación de responderle.

 **IMPORTANTE**

La forma de actuar de los responsables del tratamiento, según el RGPD, debe estar encaminada al cumplimiento del principio de responsabilidad proactiva y al enfoque del riesgo. Asimismo, el responsable debe realizar una evaluación de impacto antes del tratamiento, para valorar la gravedad y la probabilidad del riesgo, atendiendo a la naturaleza, ámbito, contexto, fines del tratamiento y sus orígenes.

- -

Los aspectos más relevantes en relación a las obligaciones del responsable son las medidas relacionadas con:

Responsabilidad activa
- Debe estar basada en la prevención por parte de las empresas que tratan datos. La implantación de medidas debe garantizar el cumplimiento de los principios, derechos y garantías que establece el RGPD.
- Las herramientas disponibles facilitan la realización de un diagnóstico adecuado que garantiza que se está trabajando desde la prevención. Las herramientas están relacionadas con la aplicación de medidas de seguridad, un registro de tratamientos, la realización de evaluaciones de impacto y la notificación de violaciones de seguridad.
- Las medidas de responsabilidad activa derivan en obligaciones para el responsable y el encargado del tratamiento.

Continúa en página siguiente >>

<< Viene de página anterior

Protección de datos desde el diseño y por defecto
- El responsable del tratamiento debe introducir medidas basadas en este principio, que deriva en la obligación de aplicar medidas técnicas y organizativas.
- Estas medidas están relacionadas con la seudonimización (aplicación efectiva de los principios), la minimización de datos (tratamiento solo de los datos necesarios para el fin) y la integración de las garantías necesarias para el tratamiento (cumplimiento de los requisitos del RGPD y protección de los derechos).
- Su aplicación depende del estado de la técnica; del coste de la aplicación y su naturaleza; del ámbito, contexto y fines del tratamiento; y de los riesgos y nivel de gravedad para los derechos y libertades de las personas físicas.

 PARA SABER MÁS

La Agencia Española de Protección de Datos ha publicado una guía sobre el principio de protección de datos desde el diseño y por defecto. Accede al siguiente enlace para visualizarla.

https://redirectoronline.com/fcov011po0402

 TAREA 4

María es la responsable de una academia especializada en la preparación de oposiciones. Tiene varios empleados y sus alumnos solo le facilitan información sobre el nombre, apellidos, fecha de nacimiento, dirección, población e IBAN.

Continúa en página siguiente >>

<< Viene de página anterior

En relación a la aplicación del principio protección de datos desde el diseño y por defecto, ¿qué debe saber María? Razona tu respuesta.

---

3. Obligaciones del encargado del tratamiento

 HILO CONDUCTOR

José Carlos le ha comunicado a Roberta que la gestión laboral y fiscal de la empresa la lleva la asesoría Martínez Montejaque, S. L. Al ejercer la asesoría como encargado del tratamiento de los datos personales, se ha puesto en contacto con ellos para comunicarles que el RGPD ha introducido novedades que deberían conocer.

En el tratamiento de datos existen ocasiones en las que se requiere el acceso a datos por cuenta de terceros, de ahí que, además de intervenir la figura del responsable, también participe el **encargado del tratamiento.** Según el RGPD, se puede definir esta figura como la persona física o jurídica, autoridad pública, servicio u otro organismo que trate datos personales por cuenta del responsable del tratamiento.

De entre las empresas que pueden ejercer la función del encargado del tratamiento están las asesorías, las empresas de prevención de riesgos laborales o las que gestionan la seguridad.
(© Fotografía: snowing / Freepik)

La elección del encargado del tratamiento será realizada por el responsable, y este deberá garantizar y estar en condiciones de demostrar que el tratamiento se va a realizar según el RGPD, es decir, conforme al **principio de responsabilidad activa.** Además, el responsable está obligado a supervisar las actuaciones del encargado.

 **APLICACIÓN PRÁCTICA**

Ángela es la encargada de un comercio en el que tiene contratados a Pedro y a Mónica como chico de mantenimiento y limpiadora, respectivamente. Ángela es la única que tiene contacto con los clientes y es a ella a la que le suministran información relacionada con sus datos personales, domicilio y datos financieros.

Cuando llega el final del trimestre, Ángela le facilita todas las facturas realizadas en ese periodo a su gestor, Francisco, el cual se encarga de presentar las correspondientes liquidaciones fiscales.

De entre todos los sujetos que participan en el supuesto, identifica al responsable del tratamiento y al encargado del tratamiento.

Solución

En el caso planteado la responsable del tratamiento es Ángela, al ser ella quien toma las decisiones sobre la finalidad y utilización de los datos de sus clientes. Y por otro lado, Francisco será el encargado del tratamiento porque es la figura que trata los datos atendiendo a las instrucciones de Ángela, que es quien le ha contratado el servicio.

Para implantar las medidas de seguridad el encargado debe avalar que tiene conocimientos especializados, es persona fiable y cuenta con los recursos requeridos. Esto implica la implantación de **políticas técnicas y organizativas** que garanticen la protección en:

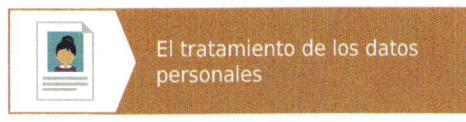

El tratamiento de los datos personales

Continúa en página siguiente >>

<< Viene de página anterior

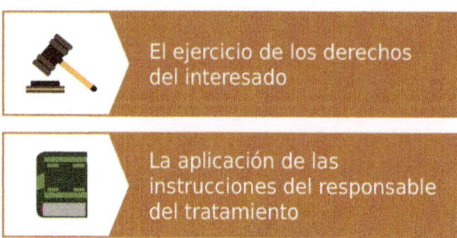

Estas garantías necesarias se pueden demostrar a través de los **mecanismos de certificación,** o de la adhesión y cumplimiento a **códigos de conducta** aprobados por la autoridad de control.

En la realización de su trabajo, el encargado ha de cumplir con las siguientes **normas:**

- ⮑ El acceso a los datos debe ser el necesario para cumplir con la prestación del servicio.
- ⮑ Debe existir un contrato de prestación de servicios con el responsable del tratamiento.
- ⮑ Los datos no pueden ser usados con una finalidad diferente a la establecida en el contrato.
- ⮑ No es necesario el consentimiento de los titulares de los datos para que el encargado trate sus datos.
- ⮑ No existe obligación de informar al interesado sobre la contratación del encargado del tratamiento.
- ⮑ Cuando ya se ha realizado el servicio, se deben devolver los datos al responsable o eliminarlos.
- ⮑ Los datos no pueden ser cedidos a terceros.

 **IMPORTANTE**

Aunque haya un encargado del tratamiento, la responsabilidad en el tratamiento adecuado de los datos personales sigue siendo del responsable del tratamiento, el cual tiene la obligación de supervisar la actuación del encargado.

- -

Las **obligaciones propias** del encargado del tratamiento son:

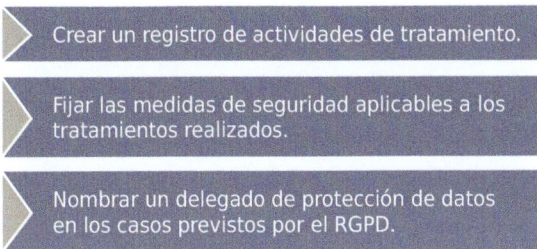

4. Resumen

El **responsable del tratamiento,** según el RGPD, es la persona física o jurídica, autoridad pública, servicio u otro organismo que, de forma individual o junto a otros, determina los fines y medios del tratamiento. Sus principales **obligaciones** están enfocadas a:

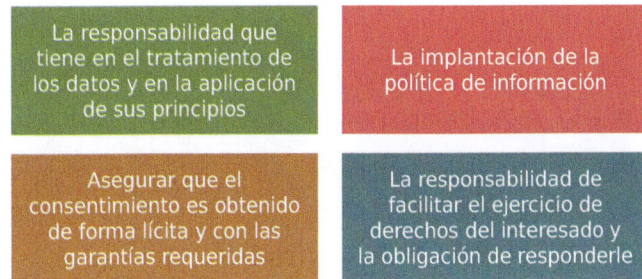

Los aspectos más relevantes de estas obligaciones son las medidas relativas a la responsabilidad activa y a la protección de datos desde el diseño y por defecto.

Por su parte, el **encargado del tratamiento** es la persona física o jurídica, autoridad pública, servicio u otro organismo que trate datos personales por cuenta del responsable del tratamiento. Será elegido por este y es quién implantará políticas técnico-organizativas que garanticen la protección de los datos, quedando demostrado a través de mecanismos de certificación o de códigos de conducta.

Las **obligaciones propias** de esta figura son la creación de un registro de actividades, la fijación de las medidas de seguridad aplicables y el nombramiento de un delegado de protección de datos.

Ejercicios de autoevaluación
Unidad de Aprendizaje 4

1. **Según el RGPD, ¿cuáles son las principales obligaciones del responsable del tratamiento?**

   a. Responsabilidad en el tratamiento de los datos y en la aplicación de sus principios.
   b. Nombrar un delegado de protección de datos.
   c. Implantación de una política de información.
   d. Asegurar que el consentimiento del interesado sea lícito y con las garantías adecuadas.

2. **Indica si la siguiente afirmación es verdadera o falsa: "La responsabilidad activa, como aspecto fundamental en las obligaciones del responsable, debe estar basada en la prevención por parte de las empresas que tratan datos".**

   - Verdadero
   - Falso

3. **¿Quién elige al encargado del tratamiento?**

   a. El delegado de protección de datos.
   b. El interesado cuyos datos se están tratando.
   c. Un tercero ajeno a la empresa que trata los datos.
   d. El responsable del tratamiento.

4. **Indica si la siguiente afirmación es verdadera o falsa: "Es necesario el consentimiento de los titulares de los datos para que el encargado trate sus datos".**

   - Verdadero
   - Falso

5. De entre las obligaciones propias encomendadas al encargado del tratamiento está:

    a. Determinar los fines del tratamiento.
    b. Fijar las medidas de seguridad aplicables a los tratamientos realizados.
    c. Crear un registro de interesados.
    d. Nombrar al responsable del tratamiento.

Aplicación de medidas de seguridad

Contenido

1. Introducción
2. Seguridad en el tratamiento
3. Notificación de una violación de seguridad
4. Evaluación de impacto y consulta previa
5. Delegado de protección de datos
6. Código de conducta y certificaciones
7. Resumen

Objetivos

El objetivo general de esta Unidad de Aprendizaje es:

→ Conocer las medidas de seguridad a aplicar en el tratamiento de los datos determinadas por el Reglamento (UE) 2016/679, así como la figura del delegado de protección de datos, sus características y funciones.

Los objetivos específicos de esta Unidad de Aprendizaje son:

→ Definir las medidas de seguridad en el tratamiento de los datos.

→ Conocer cómo se realiza la notificación de una violación de la seguridad de los datos y el contenido de la misma.

→ Describir la evaluación de impacto en la protección de los datos personales y la consulta previa al tratamiento.

→ Identificar la figura del delegado de protección de datos.

→ Explicar los mecanismos de garantía basados en códigos de conducta y certificaciones.

1. Introducción

Con el objetivo de garantizar los derechos y libertades de los ciudadanos, el Reglamento General de Protección de Datos ha determinado el establecimiento de un **conjunto de medidas de seguridad.** Estas proporcionan a la ciudadanía no solo seguridad, sino también **transparencia en el trato de sus datos** por parte de las empresas y entidades públicas.

En las entidades, no solo basta con cumplir con las medidas de seguridad recogidas en el reglamento, sino que también tendrán que **acreditar dicho cumplimiento normativo,** bien mediante la adhesión a códigos de conducta o bien mediante la creación de certificaciones.

Para conocer todo lo relacionado con las medidas de seguridad aplicables en el tratamiento de los datos, nos basaremos en la implicación de Roberta en la adopción de las medidas de seguridad en el tratamiento de los datos de sus clientes.

2. Seguridad en el tratamiento

☞ HILO CONDUCTOR

El director de la empresa le ha informado a Roberta que las medidas de seguridad que venían aplicando en el tratamiento de datos ya no son las adecuadas, por lo que deberá consultar la normativa que regula el Reglamento General de Protección de Datos para ponerse al día. Con ello conseguirá conocer cuáles son las medidas de seguridad correctas que deberá aplicar a los datos de carácter personal tratados en los servicios prestados a sus clientes.

El responsable y el encargado del tratamiento son quienes adoptarán las medidas necesarias para **garantizar la seguridad de los datos personales** en función de los riesgos detectados en el análisis previo. Las medidas para garantizar la seguridad de los datos personales se aplican con el objetivo de evitar su pérdida, alteración o acceso no autorizado.

Las medidas a aplicar serán las adecuadas para garantizar un **nivel de seguridad ajustado al riesgo** que puede existir en:

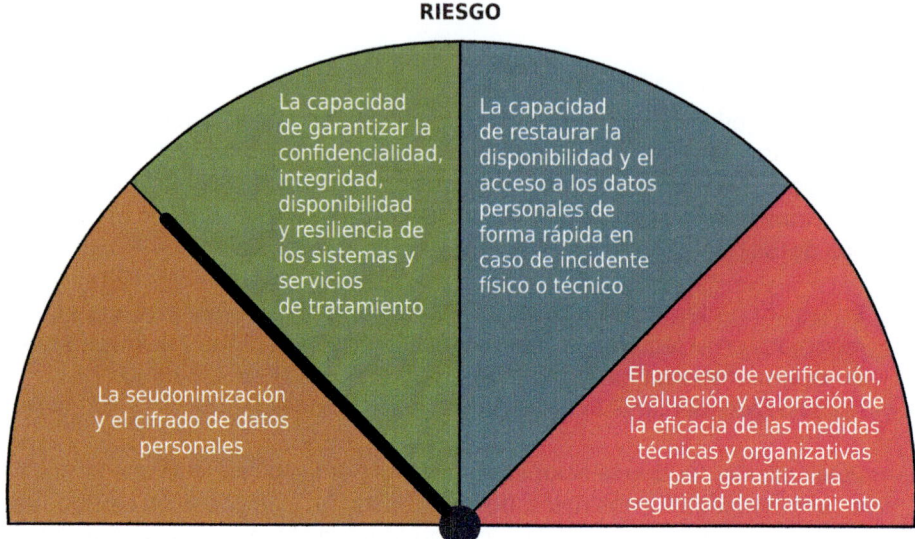

Según el RGPD, el **conjunto de medidas** que garantizan la seguridad de los datos son las que se citan a continuación:

Implantación de procedimientos para...

- Ejercitar la petición de los derechos de los interesados.
- Realizar la protección de datos desde el diseño y por defecto.
- Resolver las violaciones de la seguridad.
- Realizar copias de respaldo.
- Destruir los datos.
- Transmitir los datos.
- Garantizar la seguridad de transferencias internacionales.
- Acceder a categorías especiales de datos.

Establecimiento de sistemas para...

- Acceder a equipos y redes informáticas.
- Garantizar la protección de equipos y redes informáticas.

Otras medidas sobre...

- Creación de acuerdos de confidencialidad con el personal autorizado al tratamiento de datos.
- Regulación contractual con los encargados del tratamiento o los destinatarios de datos.
- Celebración de acuerdos con los corresponsables del tratamiento.
- Análisis de los riesgos de tratamiento.
- Realización de la evaluación de impacto.
- Elaboración del informe del registro de las actividades del tratamiento.
- Designación de un delegado de protección de datos.

3. Notificación de una violación de seguridad

☞ HILO CONDUCTOR

José Carlos ha telefoneado a Roberta para comunicarle que la pasada noche han robado en la oficina, llevándose algo de dinero en metálico que había en la caja del día anterior y dos ordenadores.

Además de interponer la correspondiente denuncia, Roberta ha informado a su jefe que ha estado consultando el RGPD y ha podido ver que se consideraría una violación de seguridad respecto de los datos personales de los clientes que figuran en los ordenadores que utilizaban y que han sido sustraídos. ¿Cómo deberá actuar José Carlos en este caso?

Una de las medidas es la implantación de un procedimiento para resolver las violaciones en la seguridad de los datos, tales como eliminación no intencionada de información, robo de equipos informáticos, accesos de agentes externos no autorizados, etc.

✎ DEFINICIÓN

Violación en la seguridad de los datos

Según el RGPD es "la destrucción, pérdida o alteración accidental o ilícita de datos personales transmitidos, conservados o tratados de otra forma, o la comunicación o acceso no autorizados a dichos datos".

La notificación de la violación a la autoridad de control y a los interesados se realizará cuando se tenga la **certeza de que existe un incidente y haya información** sobre su naturaleza y alcance. La mera sospecha no es motivo para realizar una notificación, a no ser que suponga un gran impacto para la seguridad de los datos. La notificación se debe comunicar desde el momento en el que el responsable tenga conocimiento de ello o como máximo a las 72 horas.

NOTA

Cuando el encargado del tratamiento tenga conocimiento de una violación en la seguridad de los datos, debe notificarlo al responsable, sin retraso, para que este informe a la autoridad de control competente.

- -

La comunicación con la autoridad competente, a través de las herramientas de la AEPD, y con los titulares de los datos personales, cuando exista un riesgo elevado para sus derechos y libertades, se han de ajustar al siguiente **contenido mínimo:**

Autoridad competente
- Naturaleza de la violación incluyendo las categorías y el número de interesados y registros afectados.
- Nombre y datos de contacto del delegado de protección de datos.
- Posibles consecuencias.
- Medidas adoptadas por el responsable del tratamiento para subsanar la violación o para disminuir los posibles efectos negativos.

Titulares de los datos
- Nombre y datos de contacto del delegado de protección de datos.
- Consecuencias de la violación de seguridad.
- Medidas adoptadas por el responsable del tratamiento para subsanar la violación o para disminuir los posibles efectos negativos.

IMPORTANTE

El responsable del tratamiento está obligado a documentar cualquier violación de la seguridad de los datos personales, incluyendo los hechos relacionados con dicha violación, sus efectos y las medidas correctivas adoptadas.

- -

Existen situaciones en las que **no es necesario comunicar** al interesado la violación de la seguridad:

1. Cuando se han aplicado medidas de protección adecuadas al tratamiento afectado.
2. Cuando se han tomado medidas posteriores para que ya no exista riesgo.
3. Cuando la comunicación suponga un esfuerzo desproporcionado.

SABÍAS QUE...

La Agencia Española de Protección de Datos tiene disponible en su página web, entre otras, una guía para la notificación de brechas de datos personales.

Una vez que el responsable del tratamiento ha cumplimentado el formulario, el **procedimiento para realizar la notificación a la autoridad de control competente** es el que se especifica a continuación:

01 Se accede a la Sede Electrónica de la AEPD como entidad.

02 En el listado de trámites se elige la opción ■ Notificación de brechas de datos personales (art. 33 RGPD)

03 En las siguientes pantallas se van eligiendo apartados y al hacer clic en el botón Electrónico aparece una ventana informativa sobre la Autofirm@.

Con Certificado

04 Se elige acceso con certificado electrónico/DNIe, Cl@ve móvil, PIN o permanente y se continúa con el proceso siguiendo los pasos que muestra el asistente.

ACTIVIDAD COMPLEMENTARIA

2. Germán es autónomo y tiene un establecimiento dedicado a la comercialización de comida casera elaborada; y Patricia es la asesora que le gestiona la documentación fiscal, contable y laboral.

Si Patricia elimina por error los registros contables de las ventas del primer trimestre de la empresa, ¿debe comunicarle este hecho a Germán? ¿Por qué? Si la respuesta es afirmativa, ¿qué debe hacer Germán?

4. Evaluación de impacto y consulta previa

 HILO CONDUCTOR

José Carlos le ha explicado a Roberta cómo realiza el análisis de los riesgos del tratamiento de datos de sus clientes, para que le ayude en esta tarea. Como ella va conociendo ya muchos detalles del Reglamento General de Protección de Datos, cree haber visto un mecanismo relacionado con lo que el gerente le ha explicado. Por ello, analiza exhaustivamente el reglamento para comprobarlo y hacérselo saber a este. Roberta está haciendo referencia a la evaluación de impacto y a la consulta previa.

Para garantizar los derechos y libertades de las personas físicas, la normativa europea ha introducido un mecanismo que se aplicará cuando el tratamiento de los datos implique un riesgo elevado para dichas garantías. Se trata de la **evaluación de impacto** que analizará el origen, la naturaleza y la gravedad del riesgo.

La evaluación de impacto es una obligación del **responsable del tratamiento,** que la llevará a cabo antes del inicio del tratamiento de los datos y cuando se cumplan algunas de las siguientes **situaciones:**

⮞ Por la utilización de nuevas tecnologías.
⮞ Cuando el tratamiento implique un riesgo elevado.
⮞ Cuando se realice una evaluación de los datos personales basado en un tratamiento automatizado y con efectos jurídicos.

- Por el tratamiento a gran escala de categorías especiales de datos o de condenas e infracciones penales.
- Cuando el tratamiento consista en la observación sistemática a gran escala de una zona de acceso público.

El **contenido mínimo** que debe existir en una evaluación de impacto es:

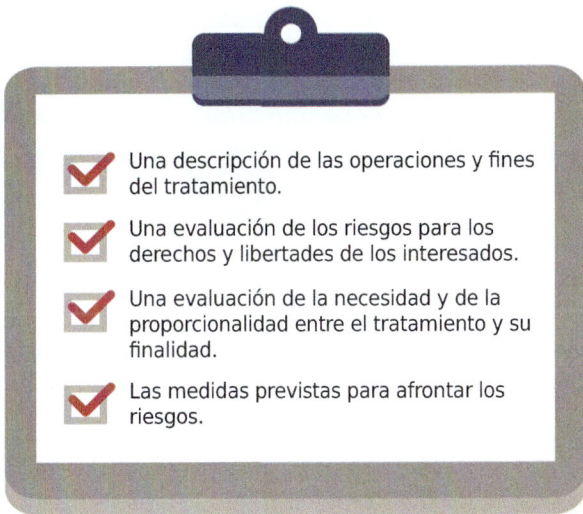

Una descripción de las operaciones y fines del tratamiento.

Una evaluación de los riesgos para los derechos y libertades de los interesados.

Una evaluación de la necesidad y de la proporcionalidad entre el tratamiento y su finalidad.

Las medidas previstas para afrontar los riesgos.

IMPORTANTE

Cuando se produzca un cambio en el riesgo de las operaciones de tratamiento, será necesario que el responsable del tratamiento examine si se está actuando de acuerdo a la evaluación de impacto en la protección de los datos.

4.1. Consulta previa

Cuando una evaluación de impacto revela que el tratamiento de los datos conllevará un riesgo elevado si el responsable no toma las medidas oportunas, este debe **realizar una consulta a la autoridad de control** competente antes de iniciar el tratamiento, incluyendo la siguiente **información:**

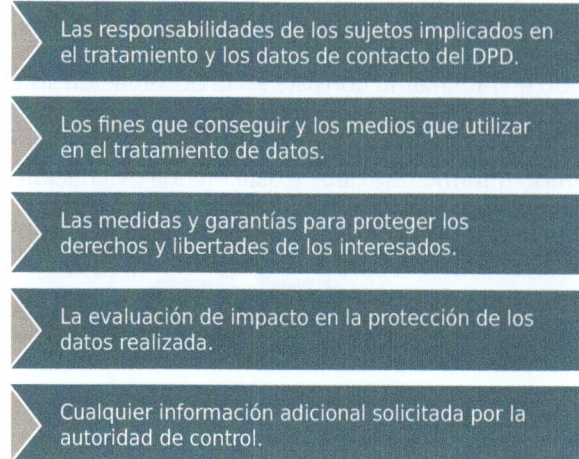

Las responsabilidades de los sujetos implicados en el tratamiento y los datos de contacto del DPD.

Los fines que conseguir y los medios que utilizar en el tratamiento de datos.

Las medidas y garantías para proteger los derechos y libertades de los interesados.

La evaluación de impacto en la protección de los datos realizada.

Cualquier información adicional solicitada por la autoridad de control.

La respuesta que la autoridad de control da al responsable o al encargado se realiza por escrito, en el plazo de 8 semanas (ampliables en 6 semanas más) desde la consulta y solo si el tratamiento no se ajusta al RGPD o no se ha identificado o eliminado el riesgo.

 ## PARA SABER MÁS

Entre las guías que la Agencia Española de Protección de Datos ha publicado, se encuentra la que recoge las normas a tener en cuenta en el análisis del riesgo y en la evaluación de impacto. Para visualizarla puedes acceder al siguiente enlace:

Gestión del riesgo y evaluación de impacto en tratamientos de datos personales

https://redirectoronline.com/fcov011po0505

TAREA 5

Álvaro es enfermero autónomo y ha decidido abrir un gabinete en su localidad para ofrecer servicios médicos básicos. Si quiere cumplir con la normativa de protección de datos y teniendo en cuenta el tipo de información que va a manejar, ¿necesitaría realizar una evaluación de impacto sobre los tratamientos que tendrá que realizar en el gabinete médico? En caso afirmativo, ¿cuál sería la información que deberá recoger esta evaluación? ¿Sería necesario realizar una consulta previa a la autoridad de control competente? Justifica tu respuesta.

5. Delegado de protección de datos

☞ HILO CONDUCTOR

Al gerente de la empresa Montesquino, S. L., le han informado que el RGPD ha creado una nueva figura en este ámbito denominada "delegado de protección de datos". Como no tiene claro si su empresa está obligada a contar con esta figura, le indica a Roberta que busque información sobre ello, para prever una nueva contratación en la empresa o un nuevo servicio externo que asuma esta tarea.

El RGPD introduce una nueva figura en la gestión de la protección de datos en la empresa, el **delegado de protección de datos (DPD).** Esta figura nace como respuesta a la necesidad de reforzar la seguridad y privacidad en el tratamiento de los datos especialmente sensibles de las personas físicas.

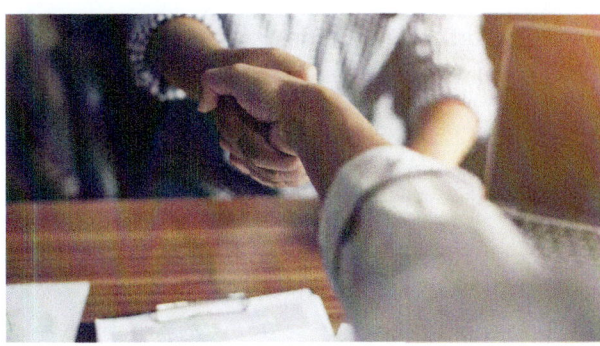

El responsable y el encargado del tratamiento de la empresa facilitarán la participación del DPD en las medidas desarrolladas sobre la protección de datos. (©Fotografía: jcomp / Freepik)

El DPD, **nombrado por el responsable o por el encargado del tratamiento,** está respaldado por estos, los cuales deben garantizar que no recibe instrucciones para realizar su trabajo. Además, estos no tienen potestad para destituirlo de su cargo ni para sancionarlo. El responsable o el encargado están obligados a publicar los datos de contacto del DPD y a comunicarlos a la autoridad de control. Aunque es una **figura voluntaria** y necesaria para las empresas que traten datos personales, existen determinadas entidades en las que sí es obligatoria:

> – Las administraciones públicas, excepto los tribunales.

> – Las empresas o entidades cuyas actividades principales necesiten para el tratamiento de los datos una observación de interesados a gran escala, debido a su naturaleza o fines.

> – Las empresas o entidades cuyas actividades principales consisten en el tratamiento a gran escala de categorías especiales de datos y los relativos a condenas e infracciones penales.

IMPORTANTE

El delegado de protección de datos puede ser tanto una persona de la plantilla de la empresa como una persona o entidad externa que actúe como encargado del tratamiento y que ejerza sus funciones mediante un contrato de prestación de servicios.

- -

Las **funciones** del delegado de protección de datos son, entre otras, las siguientes:

> – Informar y asesorar al responsable o al encargado del tratamiento y a los empleados que deban cumplir con el RGPD.

Continúa en página siguiente >>

<< Viene de página anterior

- Supervisar el cumplimiento del RGPD, de cualquier otra norma similar y de las políticas de protección de datos; la asignación de responsabilidades; la formación del personal; y las auditorías realizadas.

- Asesorar sobre la necesidad de realizar una evaluación de impacto, su metodología y quién la puede realizar, además de supervisar su aplicación.

- Cooperar con la autoridad de control y ser el enlace con esta para cuestiones relativas al tratamiento.

IMPORTANTE

Guardar el secreto o la confidencialidad en la realización de sus funciones es una de las obligaciones del delegado de protección de datos.

6. Código de conducta y certificaciones

HILO CONDUCTOR

La empresa Montesquino, S. L., ya está cumpliendo con las normas que sobre protección de datos regula el RGPD. Roberta informa al gerente, José Carlos, que, aunque se hayan adaptado, tienen que acreditarse o certificar que la empresa está cumpliendo realmente con dicha normativa. Ella sabe que existen diferentes sistemas que le permitirán garantizar el cumplimiento normativo.

Existen una serie de **procedimientos o acreditaciones** que certifican que tanto el responsable como el encargado del tratamiento cumplen con las obligaciones recogidas en el Reglamento (UE) 2016/679. Estos son:

Códigos de conducta	- Acreditan la correcta aplicación del RGPD y dan garantías en las transferencias internacionales de datos. - Son voluntarios y deben tener en cuenta las características de los distintos sectores de tratamiento y de las necesidades de cada tipo de empresa. - Su creación y la modificación o ampliación de un código existente depende de si es de aplicación nacional o en el ámbito de la UE.
Mecanismos de acreditación	- Los mecanismos de certificación, sellos y marcas garantizan que responsables y encargados del tratamiento cumplen con las obligaciones del RGPD. - La certificación es voluntaria y su proceso es transparente; no limita la responsabilidad del responsable o encargado; es expedida por organismos acreditados o por la autoridad de control; y se obtiene por tres años con renovación automática si se siguen cumpliendo los requisitos.
Normas corporativas vinculantes	- Se adhieren a estas normas, los grupos empresariales que quieran acreditar que garantizan el cumplimiento del RGPD. - Se aprueban cuando sean jurídicamente vinculantes, sean aplicadas y cumplidas por todo el grupo empresarial, y cuando ofrezcan a los interesado derechos exigibles en el tratamiento de sus datos. - Su contenido mínimo viene recogido en el art. 47 del RGPD.

7. Resumen

Para garantizar la seguridad de los datos personales, tanto el responsable como el encargado del tratamiento deberán aplicar las **medidas de seguridad** necesarias ajustadas al nivel de riesgo detectado. Entre los procedimientos que existen para la aplicación de estas medidas está el que persigue resolver las **violaciones en la seguridad** de los datos de las personas físicas.

La **notificación de la violación de la seguridad de los datos** solo se realizará cuando exista la certeza de que hay un incidente fundamentado con información suficiente y se realizará a la autoridad de control y al interesado a través de las herramientas facilitadas por la AEDP y en el tiempo regulado en el RGPD.

Cuando el tratamiento de los datos implique un riesgo elevado para garantizar los derechos y libertades de las personas físicas, el RGPD ha regulado lo siguiente:

1. **Evaluación de impacto** que analizará el origen, naturaleza y gravedad del riesgo.
2. Si la evaluación confirma que existe riesgo elevado si el responsable no aplica medidas de seguridad, este debe realizar una **consulta previa al tratamiento,** a la autoridad de control.

El **delegado de protección de datos** es una figura que se encarga de dar información, supervisión, asesoramiento y cooperar con el responsable y el encargado del tratamiento. Es una figura **voluntaria,** aunque con carácter general, es necesaria para las empresas que traten datos personales. También se considera obligatoria para determinadas entidades.

Para acreditar que las entidades o empresas que tratan datos personales de personas físicas están adaptadas al RGPD y cumpliendo con sus normas, existen determinados **instrumentos que ofrecen garantías** sobre ello. Estos son:

Ejercicios de autoevaluación
Unidad de Aprendizaje 5

1. Indica si la siguiente afirmación es verdadera o falsa: "Una violación de la seguridad de los datos es la eliminación no intencionada de información ".

   ■ Verdadero
   ■ Falso

2. ¿Cuáles de las siguientes situaciones se corresponden con las que se pueden dar para realizar una evaluación de impacto?

   a. Por la utilización de nuevas tecnologías.
   b. Cuando el tratamiento implique un riesgo elevado por su contexto.
   c. Si el tratamiento se basa en la observación sistemática a gran escala de una zona de acceso público.
   d. Cuando se realice un tratamiento a gran escala de categorías de datos básicos.

3. Indica si la siguiente afirmación es verdadera o falsa: "De entre la información que el responsable del tratamiento debe facilitar a la autoridad de control en una consulta previa están los datos de contacto del encargado del tratamiento".

   ■ Verdadero
   ■ Falso

4. ¿Cuáles de las siguientes entidades están obligadas a tener un delegado de protección de datos?

   a. Ayuntamiento
   b. Colegio
   c. Tribunal
   d. Hospital

5. Si una entidad ha obtenido una certificación que acredita su cumplimiento con el RGPD, ¿por cuánto tiempo está vigente?

    a. 6 años.
    b. 3 años.
    c. 1 año.
    d. 10 años.

Glosario

Auditoría
Verificación de los registros contables de una empresa o entidad, para comprobar si sus cuentas reflejan el patrimonio, la situación financiera y los resultados obtenidos en un determinado ejercicio.

Automatizado
Convertir en automáticos determinados procesos corporales.

Comisión de la UE
Es la instancia responsable de elaborar propuestas de nueva legislación europea y de aplicar las decisiones del Parlamento Europeo y el Consejo de la UE.

Confidencial
Que se hace de forma reservada o secreta.

Explícito
Que se expresa con claridad, de forma detallada y sin dar nada por sabido.

Fichero
Todo conjunto estructurado de datos personales, accesibles con arreglo a criterios determinados, ya sea centralizado, descentralizado o repartido de forma funcional o geográfica.

Garantizar
Dar seguridad de que va a suceder algo.

Implícito
Que está incluido en una cosa, sin decirlo directamente.

Inequívoco
Que solamente puede ser explicado en un único sentido y sin posibilidad de duda o equivocación.

Legible
Que se puede leer con claridad.

Lícito
Que está permitido por ley.

Mercadotecnia
Conjunto de técnicas y estudios para mejorar la comercialización de un producto.

Requerimiento
Petición, por parte de una autoridad, de una cosa que es necesaria.

Secreto profesional
Información que se debe mantener reservada y oculta con ocasión del ejercicio de una profesión.

Tácito
Que se supone o sobreentiende.

Tratado de la Unión Europea
Es uno de los tratados fundacionales de la UE.

Bibliografía

Textos electrónicos, bases de datos y programas informáticos

→ Agencia Española de Protección de Datos, de: <https://www.aepd.es/>

Legislación y normativa

→ Reglamento (UE) 2016/679 del Parlamento Europeo y del Consejo, de 27 de abril de 2016, relativo a la protección de las personas físicas en lo que respecta al tratamiento de datos personales y a la libre circulación de estos datos y por el que se deroga la Directiva 95/46/CE (Reglamento General de Protección de Datos).

→ Directiva (UE) 2016/680 del Parlamento Europeo y del Consejo, de 27 de abril de 2016, relativa a la protección de las personas físicas en lo que respecta al tratamiento de datos personales por parte de las autoridades competentes para fines de prevención, investigación, detección o enjuiciamiento de infracciones penales o de ejecución de sanciones penales, y a la libre circulación de dichos datos y por la que se deroga la Decisión Marco 2008/977/JAI del Consejo.